ひろばブックス

何をつくるか
決めない
造形遊び

そざい探究 LABO
ラボ

桐嶋 歩（アルテコローレ）・著

メイト

保育者が楽しいと子どもが育つ

　ひと昔前まで私の役割は、子どもの視点や発想を広げる遊びを提案することだと考えていました。そのため、楽しそうな、おもしろそうなアイデアを、行事やイベントとして求めてくださる方々が多いのですが、今では子どもたちが自分でできることを増やし、保育者の負担を減らす日常的活動としての遊びを保育に取り入れていただくことをすすめています。

　なぜなら遊びは一時的に楽しむものではなく、毎日をともに過ごす保育者と子どもとの関わりの中で育まれていく学びの活動だからです。

　遊びは継続的に、保育と同じように、じっくり長い目で見て育てていかなければなりません。

　アイデアだけを取り入れてもらっても、そのときだけの楽しい体験で終わってしまい、子どもはもう「次は何をするの？」、保育者は「次は何をしよう？」ということに目を向けています。保育者にとって、日々のネタ探しもルーチンワークになっていないでしょうか。遊びは１つのテーマでもっと深掘りできるものですし、その体験を価値のあるものにしてほしいと思います。

　子どもにとって欠かせない知識経験の積み重ねの機会となる遊びですが、実は、その機会をつくる保育者の多くが遊びに悩んでいます。それには、①造形活動という

枠にとらわれた保育者の視点のもち方・発想・知識経験と苦手意識の問題、②実践を取り入れにくい園の環境、③保育者同士・保護者・子どもとの関わりが円滑ではないこと、これら3つの要因が見えています。

　そして、保育者はそれぞれに「もっとこうしたい」という願いをもっている方が多いのです。保育者の「やってみたい」が実現できる現場は、つまり保育者が子どもとの関わりを楽しめる環境といえるはずです。それらの課題解決のツールとして、遊びは役立つのではないか。そんな想いから「**そざい探究あそび**」という遊び実践法を考案しました。

　この本が、保育者の方々に遊びのおもしろさ、楽しさ、価値を知っていただけるきっかけになればと思います。乳幼児が未知のもの・ことと関わる機会をつくり、学びと育ちの環境をつくるのも、家庭に代わり保育者がその役割を担っています。だから、楽しく子どもと関わってほしい。「できない」ことから考えるのをやめ、この本を手がかりに「やってみたい」を1つ1つ実現していってください。そして継続的に、保育と同じようにじっくり長い目で見て育てていけば、必ず保育者と子ども、互いの成長を実感し、やりがいを感じられる日が来ます。そうした保育者の取り組み方が現場を変え、いずれは園全体が育つことを願います。

アルテコローレ　**桐嶋 歩**

CONTENTS

part2
そざい探究あそびの実践例

アルテコローレは
こんな日常の遊びを提案します

気軽に、無理なく、保育者も楽しい遊びを

忙しい毎日の中で、「造形活動」は準備やかたづけが大変、保育者の苦手意識や失敗体験から、つい取り組みがおっくうになってしまう……、そんな声をよく聞きます。子どもの学びの根源は遊び。大人の事情から、子どもの貴重な体験の機会を減らしてしまうのはとても残念です。だからこそ、まず保育者が気軽に、無理なく、楽しく取り組める"遊び"を提案します。

part1へ

「造形活動」にとらわれなくていい

「造形活動」のイメージにとらわれてしまうと、つくる・描く活動に偏ってしまいがち。遊びなら、幅広い体験で子どもたちの知識経験を積み重ねていけます。作品としてかたちを残すことを目指さなくても、子どもたちが遊びながらに経験し、獲得したものは、必ず一人ひとりの力となって表現されます。そんな子どもの姿を、もっと近くで一緒に楽しんでいきませんか。

part2・3へ

日常化すると楽できる

人（家族・保育者・友達など身近な人）やもの（素材や道具）との関わりが欠かせない遊びの活動は、日常的に取り組むことで子どもの日々の成長を実感できます。子ども自ら試行錯誤して学び挑戦する機会を多くつくることで、散らかる・危ない・やらせたくないといった課題がみるみる解決していきます。この日々の積み重ねこそが、子ども自らが広げていく子ども主体の遊び環境をはぐくみ、根づかせていきます。

part4へ

伝えてほしい遊びのプロセス

子どもたちの遊びのプロセスをその場で見ていない保護者からすると、わからないことだらけです。そのため疑問や不安がふくらみ、理解や協力を得ることがむずかしくなってしまうケースも多いでしょう。伝える作業は手段にこだわらず、ともに子育てしているという安心感や信頼関係を保護者とはぐくむために欠かせません。そして園内でも、保育者同士が課題を解決したり、アイデアを生む育ち合いのための記録と発信を楽しみましょう。

part5へ

part 1
そざい探究あそびとは

「そざい探究あそび」がほかの造形活動とどう違うのか、その基本的な考え方について紹介します。造形が苦手でも大丈夫！ 子どもにとっても保育者にとっても、気軽に始められて夢中になれる新しい遊びの提案です。

01

「そざい探究あそび」は造形活動の新しいかたち

1つの素材をきっかけにとことん楽しめる「そざい探究あそび」。これまでの造形活動との違いは？ 子どもや保育者にとってどんな意味があるのでしょう？

素材の楽しみ方を、保育者も一緒に遊びながら探る

「そざい探究あそび」は、素材そのもののおもしろさや、その素材で何ができるのかを子どもや保育者が、一緒に探りながら、思いついた様々なアイデアを試していく遊びです。

決まった題材があり、みんなで同じ作品をつくることが中心の、従来の造形活動とは、方法も考え方もまったく違う、新しい遊び方といっていいでしょう。

決まった工程やゴールをあえて設けず、子どもが「やっ

「そざい探究あそび」の特色

「そざい探究あそび」の特色は大きく4つ。
これまでの造形活動との違いに注目しましょう。

1 素材1つで始められる

子どもと探究してみたい素材を1つ用意するところからスタートします。

ストローの手ざわり、たくさんのカラフルな色、カラカラという音など、素材の特徴を探っています。

発見や気づきのシェア、協同作業を通して、子どもの素材への興味が深まり、遊びが成り立っていきます。

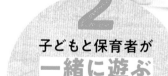

2 子どもと保育者が一緒に遊ぶ

素材そのもののおもしろさや遊び方を、子どもと保育者が一緒に探究します。

てみたい」と思ったことを、すぐに取り込めるように自由度を高くしているのも特徴です。

　主体的に遊んで満たされることで、多角的な視点や工夫する力、自分でやってみようという力が育ちます。また、試行錯誤や挑戦を通して、新たな気づきや発見を得ながら自発的に楽しみ方を見つけられるようになります。これは保育者も同様です。

保育者の負担が減って、子どもの姿が見えるように

　保育者にとっては、造形活動にありがちな保育者の負担が減ることが大きなメリットです。毎回、「何をしよう」といったアイデア探しや、「どんな作品にしよう」「つくったあとはどうしよう」と悩まずにすむでしょう。

　準備も必要最低限から始められ、かたづけは子どもたちと遊びの中でおこなうことも可能です。

　「そざい探究あそび」を日常的に取り入れれば、子ども主体の遊び環境がはぐくまれ、根づかせることができます。保育者ががんばって主導しなくてもすむようになります。

　保育者の負担が減ることで、子どもとの関わりが増え、子どもが感じていることや、夢中になって遊んでいる姿といったプロセスに目を向けられるようになるでしょう。

ここがいい！

for 子ども
- 自由度が高い
- 遊びが上手になる
- 多角的な視点や工夫する力がつく
- コミュニケーションを楽しめる

for 保育者
- 毎回のアイデア探しが不要
- 準備やかたづけが少ない
- プロセスに目を向けられるようになる

3 決まった工程やゴールがない

素材の変化を楽しみ、道具や素材の組み合わせを試行錯誤するのが醍醐味です。

色水をつくって遊ぶのではなく、道具を用いて変化させ、様々な角度から観察を楽しんでいます。

4 素材の特徴を知り、次の遊びにつながる

素材のおもしろさやできること、扱いのむずかしいところなど、たくさんの気づきがあり、次はこれをやってみたいという計画が、子どもたちからも生まれてきます。

カラーセロファンをのぞくと色の世界が広がり、光が差し込むとキラキラ光り、はさみで切るとスルスル滑る。子どもの発想が広がります。

02

同じ素材で、何歳でも、何度でも、何通りにも楽しめる！

1つの素材から何通りもの楽しみ方が広がる「そざい探究あそび」。年齢によって楽しみ方が変わり、0歳児から楽しめるのも魅力です。

何通りにも、何度でも、遊びが無限に広がる

「そざい探究あそび」のよいところは、1つの素材であっても、年齢によって、または、グループによってまったく違った遊びが広がり、いろいろな展開ができるという点です。素材を様々に試して知識経験を得ると、子どもは自分で何度でも振り返りながら遊びます。充分に遊び込むことで満足感や達成感が高まります。

1回の活動の中で、その素材のよいところやできること、もっとできそうなことなど、いくつもの発見があっ

年齢別 素材の楽しみ方

年齢によって楽しみ方はどのように異なるのでしょう。「カラービニパック」を例に紹介します。

見立てる

生活の中の身近なものやことに見立てます。素材と関わりやすくなったり、「友達と一緒」に楽しむきっかけをつくることができます。

○・1・2歳児

- 行為から変化に目を向ける
- 見立てたりイメージをふくらませる
- 言葉でのコミュニケーションを楽しむ
- 偶然の発見を楽しむ
- 素材を見たりふれたり、全身で体験する

ビニールをふとんに見立てて、みんなでお昼寝。

全身で体験する

素材を試す中で、手指から全身を刺激する遊びがたくさんできます。

ふくらませて風船のように遊んだり、トンネルをつくって、空間を全身で感じたり。

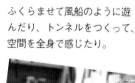
シャカシャカ音がするね！

コミュニケーションを楽しむ

保育者が楽しむ姿に子どもは安心感を抱き、素材と関わりやすくなります。

ゴロンと寝転びながら、素材の魅力を伝えます。

たときは、次の活動で、そのうちの1つを深掘りしてみるのもよいでしょう。「こうしてみたらどうなるだろう？」を試していくと、さらに違うひらめきや、遊びの連鎖が生まれることがあります。

0・1・2歳児は素材とのふれあい
3・4・5歳児は試行錯誤から

0・1・2歳児にとって、素材との出会いは未知の体験であることがほとんどです。そのため、遊びを楽しむためには保育者の関わりが欠かせません。まずは保育者が素材とふれあい、子どもと一緒に、見たりさわったり、体を動かしたりしながら、素材を体で感じることから始めましょう。0・1・2歳児は、保育者のサポートをきっかけにして、初めての道具を使う楽しさや、素材の変化を体験していきます。

3・4・5歳児になると、予測やひらめきをかたちにすることを楽しめます。自分ですべての工程にチャレンジし、試行錯誤したり、必要となる道具や素材の組み合わせをイメージしたりしながら遊びます。また、それぞれが工夫をしながらも、友達と見比べ合ったり話し合ったりなど、協力や関わり合いをもち、遊びを深めていけるようにもなります。

3・4・5歳児

● 子ども自らが試行錯誤する
● 予測やひらめきを
　意識的に楽しむ
● 友達と協力したり、
　関わりながら遊ぶ

完成をイメージして装飾する

自分のイメージにより近いものにしたいというこだわりを実現するために、素材を使い分けたり、飾りつけのかたちを考えたりします。

完成時の見た目にこだわり、枠組みにはガムテープを、ビニールには透明セロテープと使い分けて貼っています。

友達と協力して

見比べ合ったり、話し合ったりなど、友達と力を合わせておこないます。

ビニパックで家をつくることを計画。友達とアイデアを出し合いながら、枠組みや壁をつくりました。

保育者は、子どもの好奇心と意欲につながる関わりを

「そざい探究あそび」において、保育者は子どもにどのように関わればよいのでしょう。保育計画や振り返りについても考えます。

計画通りを目指さなくてOK。子どもが何を楽しんでいるかに気づくことが大事

造形遊びは、子どもによって楽しみ方が大きく異なり、計画通りに運ばないことの多い活動です。そのため、「計画通り」を目指すと、思い通りにならないことが保育者の精神的負担になったり、子ども一人ひとりの楽しみ方を受け入れられなくなったりします。

保育者は、子どもが「何を楽しんでいるか」に気づくことに力を注ぎ、その場そのときの遊びのプロセスを楽しむ

「そざい探究あそび」での保育者の関わり

「そざい探究あそび」を通して子どもの何をはぐくみたいのか、そのためにどう対応するのか。
保育者はそのイメージをつかんで関わりをもちましょう。

保育者の意識

気軽に、無理なく	「作品づくり」にとらわれない	安全に配慮する	遊びのプロセスを伝え合う
まずは素材1つから始めます。自分が楽しく取り組める「遊び」を提案しましょう。	ゴールを決めずに、子どもたちの遊びのプロセスに目を向けます。	保育者がサポートしながら、安全に遊びを楽しめるようにします。何もかも自由にせず、最低限のルールを決めておきます。	保護者と保育者、保育者と保育者が育ち合うための記録と発信を楽しみます。

実践の流れ

素材を用意する
まずは 子どもと探究してみたい素材を"1つ"選びます。

ゆるやかな計画を立てる
その場そのときの遊びのプロセスを楽しめるよう、大まかな計画を立てます。

遊びを広げる
1度限りの活動で完結させず、そのときの子どもの発見や楽しめたことを次回につなげます。

ことが大切です。そのために、事前の計画はゆるやかな ものにしておき、活動にのぞみましょう。

保育者は主導者ではなく、一緒に楽しむ仲間

「そざい探究あそび」では、保育者が一緒に子どもと 遊びを楽しみながら、子ども一人ひとりの姿に目を向け、 関わろうとする意識が大切です。すべての活動の流れを つくって、管理をすることは避けましょう。保育者は、 「○○しなければならない」ではなく、子どもと一緒に楽 しむ仲間として、遊びに向き合います。

遊びの中で保育者は、活動が広がるきっかけづくりを 意識しましょう。子どもの自由な発想はおもしろいもの ですが、保育者の知識や経験からくる発想は、子どもに とって大きな刺激となり、新たな発想を生むヒントにな ります。「もっとやってみたい！」「次はこうしてみたい な！」という意欲や好奇心が子どもに芽生えた瞬間をの がさずキャッチし、次の遊びへとつないでいきましょう。

子どもは、自分の気づきや発見を大切にしてもらうこ とで自信とさらなる意欲を得て、これからの学びを支え ていく力をつけていきます。

遊びを広げるステップ

STEP 1

子ども　保育者

素材の特徴を**探る**

素材がどんな特徴をもっているのか、自由に素材を探究す るところから始めます。まだ知識や経験の少ない子どもな らではの素材の楽しみ方に、保育者もたくさんの刺激や、 ヒントが得られます。

保育者 は

- やってみたいことを**積極的にやる**
- 子どもの発見や気づきを**一緒に楽しむ**
- 次回の活動につながる**ヒント**を得る

STEP 2

子ども

試してみる

一人ひとりの発見や気づきをみんなでシェアし、試していき ます。すると、新しい発想が生まれたり、楽しさを共有でき たりして、遊びが広がっていきます。

保育者

きっかけをつくる

大人の知識や経験、発想は、子どもにとって、新たな発想の ヒントになります。子どもが初めてのことに取り組む機会に もなります。

STEP 3

子ども　保育者

発見・気づきを生かす

素材のおもしろさを存分に楽しむ中で、子どもたちは多くの 発見や気づき、新しい知識と経験を獲得していきます。そし て、次につながる意欲や好奇心が芽生えます。

COLUMN

保育者の関わり方 Q&A

遊びの中で気になった子どもの姿や困ったときの対応のしかたに答えます！

Q 素材を前に戸惑っている子 にはどう対応する？

A 保育者が一緒に遊んで手本になる

幼児で初めて参加する子などは、素材の探り方を知らないため、次は何をやるんだろうと指示を待っていることがあります。焦らずに、こういう遊び方があるのだと理解できるよう、保育者が遊ぶ姿を見せていきましょう。

見守る際は、「さわった感触はどうかな」「きれいでしょう」などと言葉をかけるのもポイントです。くり返す中で、積極的に手が出たり、発言したりするようになります。

Q 興味をもたない子 にはどうすればいい？

A まわりの子どもを巻き込んで

興味をもっていないように見える子も、まわりの子の様子を見たり聞いたりしています。保育者が無理に遊びに引き込むよりも、まわりの子を巻き込んで、遊びにしぜんに入れるようにするとよいでしょう。

「○○ちゃんが、これはこうやって使うんだよね、って言ってるよ」などと、ほかの子どもの言葉を伝えると、興味を引き出すきっかけになることもあります。

Q 「まだやめたくない」と言われときの 切りあげ方は？

A 次を楽しみにできる声かけを

続きがあるということを伝えましょう。「お昼ごはんの時間だから終わらなきゃいけないけど、次はあんなこと、こんなことをやってみよう」などと、具体的に示すとちゃんと待っていられます。

part2
そざい探究あそびの実践例

1つの素材をきっかけにして、子どもたちの自由な発想で広がっていく
遊びの世界。その実践例を、12の素材で見てみましょう。子どもたち
の興味・発見に合わせて、いろいろな遊び方を見つけてみてください。

そざい探究のルール
- 素材の魅力をたくさん伝える
- 「○○をつくろう」と最初から決めない
- 子どもの発見を一緒に楽しむ

STEP 01 素材にふれてみよう

小さくちぎったり、くしゃくしゃに丸めたり、いろいろな楽しみ方ができるアルミホイル。そんな素材の魅力を、いろいろな視点で楽しみましょう。

準備するもの ●アルミホイル

キラキラのアルミホイル。まるで鏡に映ったみたい！

ビリビリちぎる感触をじっくり味わって。

くしゃくしゃに丸めて並べてみました。開いてシワを観察するのもオススメ。

長く引っぱり出すと、シャラシャラと波のようにやさしい音がしました。

02 かたちをつくってみよう

アルミホイルで思い思いにかたちをつくってみましょう。
ねじったりつなげたり、いろいろなかたちをつくれます。

I'M A HERO

小さな輪っかは指輪みたい。

RING

たくさんねじってみたら、大きな
輪っかができました!

バランスがむずかしいけれど、
このかたちがこだわりです。

気分はヒーロー。
ブレスレットで変身!

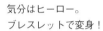

NICE!

輪っかをつなげて、おしゃれなメガネだってできちゃう。

WE ARE PRINCESSES!

ティアラをつけて、
椅子もキラキラ。
お姫さまみたい!

03 アイテムを使ってみよう

アルミホイルとほかのアイテムを組み合わせると、さらに遊びが広がります。子どもたちの興味に合わせて、いろいろなアイテムを取り入れてみてください。

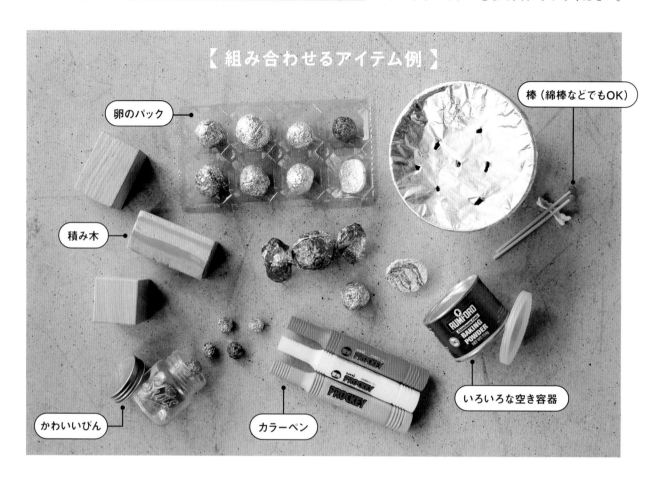

【 組み合わせるアイテム例 】

- 卵のパック
- 棒（綿棒などでもOK）
- 積み木
- かわいいびん
- カラーペン
- いろいろな空き容器

色を塗る

アルミホイルのキラキラした面に、色を塗ったり、好きな模様を描いてみましょう。太めのペンを使うのがオススメです。ツルツルとなめらかにペンが滑る感触に、子どもたちも夢中です。

容器や卵パックに入れる

色を塗ったアルミホイルを丸めたら、チョコレートの包みみたい。アルミホイルでつくったスプーンで、かわいい容器に移し替えます。色とりどりでとてもきれい。「宝石みたい！」と教えてくれた子もいました。

ギュ

ギュ

ものを包む

空き容器や身近なものを包んでみると、見慣れたものが華やぎました。電車のおもちゃを包んでキラキラにしました。

棒で刺す

空き容器にアルミホイルをかぶせて、棒でプスプス刺して穴をあけていきます。サクサクとした感覚が指先に伝わってきて、とっても楽しい！ 不思議でくせになる感覚です。

プス

プス

積み木でたたく

積み木をトンカチのようにして、アルミホイルをトントンたたくのを楽しんでいる子も。たくさんたたくほどぺったんこになっていくことにおもしろさを感じているみたい。表面がツルツルになったアルミホイルで、こんなにピカピカのボールができました。

トン

トン

すごいでしょ ピカピカ

19

そざい探究のルール

● 色水を "つくる" で終わらず "遊ぶ"
● いろいろな "見え方" をじっくり楽しむ
● 無限に広がる "色" の世界を知る
● どの工程も "自分でできた" を味わう

(準備するもの)

● 水を入れたペットボトル（1人2本くらい）　● 水性ペン
● キッチンペーパー（1枚を4等分にしたものをたくさん）
● カップ（1人3つくらい）

STEP 01 "つくる" を楽しもう

水性ペンでキッチンペーパーに色を塗ります。
たくさん塗ったら、水が入ったペットボトルに入れて
振れば完成！　色水遊びの準備が整いました。

2色使ったり、
自由に絵を描いてもOK！

好きな色を選んで、ペンを使うことを楽しみましょう。
破れないように上手に力加減をしています。

塗ったペーパーを入れて
シャカシャカ。しっかりふ
たをするのを忘れずに。

シャカシャカ

02 いろいろな見え方を楽しもう

できた色水を並べたり、見る角度を
変えてみたりして、一人ひとりが
つくった色水を比べてみましょう。

つくった色水をカップに注いで。
こぼさないように真剣な眼差しです。

色水メガネ。色水を通して見てみたら、
いつものお部屋が違って見えるね。

ずらりと並べて見ると、似ているけどちょっとずつ違うのがよくわかるね。

Enjoy Color!

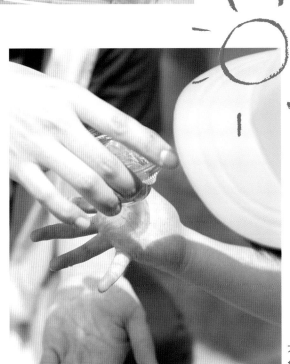

下からのぞくと、光を通した色水がゆらゆらきれい。

太陽の下で見てみたら……
色の影ができた！

STEP 03 自分だけの色を生み出そう

カップに注いだ色水に違う色水を足して、新しい色をつくってみましょう。2色・3色・4色混ぜてもOKです。

友達の色を分けてもらったりしながら混ぜたら、たくさんの色ができた！ 自分がつくった色に名前をつけて遊ぶのも◎。

\\ MIX! //

この色を混ぜてみたら、一体どんな色になるんだろう？ 予想した色になったかな？ 想像しながらたくさん試してみるのが楽しいね。

STEP 04 道具を使ってさらに楽しむ

色水づくりと観察を充分に楽しんだら、さらに遊びが発展するような道具を加えてみましょう。

（ 使う道具の例 ）

●弁当用のタレびん　●ポリ袋（水を弾くもの）

発見！

タレびんをスポイト代わりにすると、子どもでも扱いやすくオススメ！

◤ ぽたぽた落としてみる ◥

ポリ袋の上にタレびんで色水を落としてみたら、色とりどりの水玉模様がたくさんできました。宝石みたいにキラキラ。視点を変えて、横から見てみると、水滴がぷっくりふくらんでいるのを発見できました。

22

息を吹きかけて**みる**

落とした水滴にフーッと息を吹きかけてみると、水玉がすーっと動いた！ 動いた水玉がいくつか合わさって、少し大きな塊になる様子も見られました。

空のタレびんで一工夫

空になったタレびんで空気を送ってぶくぶく泡をつくったり、ポリ袋の上に落とした色水をもう一度吸ってタレびんの中に戻したりしても楽しいです。

こんな環境があると さらに楽しい

平均台や間仕切りなどにポリ袋を養生テープで貼り、ゆったりと固定して、色水のすべり台をつくっておきます。色水の動きをさらに楽しめますよ。

どんなふうにすべっていくかな？

そざい探究のルール

● 素材そのもののおもしろさを探す
● 道具を使ってじっくり楽しむ
● いろいろな変化を楽しむ

準備するもの

● はなおりがみ
● 水を入れた霧吹き
● 画用紙

\\ セーので投げるよ //

STEP 01 素材そのものの おもしろさを探そう

はなおりがみは園で手に入りやすい素材の代表。身近な素材だけに、決まった使い方になってしまいがちなので、改めてそのおもしろさを追求してみませんか。

フーッ

グシャー！

ビリ ビリ

薄くてひらひらしたはなおりがみは、小さな子どもでも簡単に裂いたり、くしゃくしゃに丸めたりすることができます。軽くてふわっとした素材なので、息を吹きかけたり、投げて落ちてくる様子を楽しんだりして素材にふれる楽しさを味わいます。

STEP 02 霧吹きを使ってみよう

はなおりがみを水でぬらしたら、どんな変化が起こるでしょう？ 道具の霧吹きを使うことを楽しみながら、水をかけたときの変化をじっくり観察してみましょう！

たくさん重ねて

裂いてくしゃくしゃにしたはなおりがみを画用紙の上にいっぱい集めて、霧吹きでシュッ！ うねうね動いたよ！ くり返していくと、だんだん紙粘土みたいな手ざわりになってきました。

粘土みたい！

たくさんのせちゃおう！

1枚1枚ていねいに

ビリビリに裂いたはなおりがみを画用紙の上にていねいに並べて、霧吹きでシュッ！ ぬれたはなおりがみがピタッと画用紙にくっつきます。重なった部分が違う色に見えるのもおもしろい。

Hello!

発見！

偶然見つけたかわいいお顔。アオムシくんに見えてきた！

25

03 ぬらし方を変えてこんな遊びも!

追加するアイテム例
●水を入れた透明な容器
●棒(割りばしや筆など)

霧吹きで充分に楽しんだら、アイテムを追加してみましょう。霧吹きの
ときとは違うはなおりがみの変化や、新しい表現の発見があります。

水に浸してみる

ビリビリに破いたはなおりがみを、水が入った
透明容器の中に入れたら……、鮮やかさが際
立ってとってもきれい。いろいろな色を混ぜて
実験! どんなふうに変わっていくか、じっく
り観察してみましょう。

たくさん
混ぜてみよう!

Beautiful!

水の中の感触を楽しむ

水に浸したはなおりがみが、だんだん溶けてきます。と
ろとろになった独特の手ざわりは、クセになる気持ちよ
さ。ずっとさわっていられそうです。

とろとろだ〜

かたちをつくってみる

とろとろになったはなおりがみを水から出して、くるく
ると丸めてみます。いろいろな色が混ざり合ってマーブ
ル模様に。小さくてかわいいコロコロお豆の完成!

STEP 04 乾いたはなおりがみはどうなる？

霧吹きや水の入ったびんを使って、たくさんぬらしたはなおりがみ。
それが乾いたら、どんな変化があるでしょう。

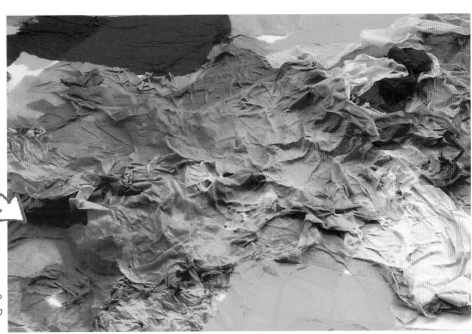

画用紙の上に重ねて霧吹きでぬらしたはなおりがみは、乾いたらカサカサで立体的になりました。

乾いたはなおりがみは、そのままのかたちできれいにぺろんとはがれます。はがしたあとの画用紙には、はなおりがみの色が色とりどりに移っていました！

ぬらして紙粘土のような手ざわりになったはなおりがみでつくったケーキ。乾いたら紙粘土のように固まりました。

水でとろとろに溶けたはなおりがみを画用紙の上に置いて、にぎりこぶしでトントン！ はなおりがみが乾くと画用紙に貼りついて、きれいな模様の和紙のようになりました。

ADVICE
できたものを新しい"素材"に

ここでできた、はなおりがみの塊やはなおりがみの色が移った画用紙、和紙のような模様の画用紙などを新しい素材として、製作をしたり、カード型に切って手紙を書いたりするのもいいですね。

theme ｜ **泡**

そざい探究のルール
- 身近なものからイメージをふくらませる
  1つ1つのものをじっくりマイペースに楽しむ
- みんなで協力して生まれる良質な泡を、
  ていねいにじっくり楽しむ

（準備するもの）

- 石けん（手ごろなサイズに切っておく）　●食器用スポンジ
- 輪ゴム　●ケースやトレイ　●スプーン　●水
※アレルギー児への配慮のため、牛乳石けんでないものを使用します。

＼遊びが楽しくなるかたちに！／
【ボールスポンジのつくり方】

スポンジは四角いままでも遊べますが、
ちょっと工夫してボール形にすると、転がしたり
投げたりできて、これだけでも遊びが楽しめます。

1 スポンジを短冊状に切る

2 切ったスポンジを
まとめて持つ

3 スポンジの真ん中を
輪ゴムでとめる

4 完成！

わぁ！

ポンッ！

STEP 01 ボールスポンジをぬらしてみよう

ボールスポンジをたくさんつくったら、大きめのケースに入れ、水を注ぎます。
ふわふわのスポンジの変化を楽しみましょう。

水を
入れるよー

ギュギュッと手で押したら、どんな感触がするかな？

重たくなった！

水をたっぷり吸ったボールスポンジは、
ずっしり重くなっていたよ。

ギュッと絞ったら、シャワーみたいに
たくさん水が落ちてきた！

STEP 02 石けんを入れてみよう

ボールスポンジと水が入っているケースに、石けんを
入れます。かき混ぜて、ぬれた石けんがだんだんツル
ツルした手ざわりになっていく様子や、泡ができて
いく様子を楽しみましょう。

お洗濯の
においがする

石けんは、どんなにおいがするかな？

石けんを入れた水が、だんだんトロッと
した質感に変わっていきます。フーッ
と息を吹きかけると、手でシャボン玉
をつくることができました。

フ〜ッ

STEP 03 モコモコ泡を楽しもう

大きなケースの中で、石けんとスポンジをゴシゴシこすったり、
ボールスポンジをもんだりすると、だんだん泡が出てきます。

どんどん泡が出てくるのが楽しい！ みんなで力を合わせて、もっともっとたくさん泡をつくろう！

みんなでたくさんもみもみすると、弾力のある泡に。逆さまにしても落ちないくらい、もっちり！

Creamy

おのおのが好きな場所でじっくり泡を楽しめるように、トレイにスプーンで取り分けます。弾力のある泡はなかなか消えなくて、じっくり楽しめます！

STEP 04 色つきの泡を楽しもう

トレイに移した泡に、食紅や絵の具で色をつけてみましょう。泡に色がつくと新たなイメージがわいて、さらに遊びが広がります。

追加するもの
● 食紅や絵の具
● スプーンやレンゲなど
● 透明空き容器

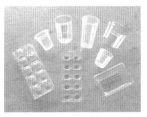

いろいろな空き容器を
用意するのがオススメ！

Challenge!

あれ？

砂場みたいに泡で型取りができるか挑戦！ 大きな泡の山ができるかな？ 試してみると、泡と砂の違いがわかったね。

それぞれが好きな色の絵の具を選んで色つきの泡をつくったら、たくさんの種類の色の泡ができたよ。並べてみるとアイスクリームやさんみたい。

卵パックに入れたり、マーブル模様にしてもかわいい！

いっぱい
入れようっと

色とりどりの泡をカップにたっぷりと盛りつけて、おいしそうなソフトクリームの完成！ どんな味のソフトクリームか想像してみよう。

Yummy!

31

そざい探究のルール

● そのままのストローでおもしろいことを
　いくつか探して見つけてみる

● どんどん散らかして、そのまま楽しむ

● ストロー片は捨てずに取っておき、また遊ぶ

STEP 01 素材そのもののおもしろさを探そう

準備するもの

● ストロー（いろいろな色をたくさん）

たくさんのストローを用意して、子どもたちとどんなふうに遊べるか自由に考えてみましょう。
実際に素材にふれる中で生まれるアイデアを大切にしてください。

\\ 青が好き //

LET'S PLAY!

おはしだよ

えいっ！

いっぱい集めて

風が出るよ

フ〜ッ

フ〜ッ

STEP 02 はさみで切ってみよう

切ったときの「パチン」という軽快な音とともに、飛び散っていくストロー片が、はさみを使う意欲を刺激します。

追加するもの ●はさみ

気づくかな?

ストローを端から順に切っていくと、「ドレミファソ……」のように、切るときの音が変わります。音の違いに気づく子がいるかもしれません。

今度は束ねてやってみよう

数本束ねて切ってみると、はさみを持つ手に伝わる感触もより大きくなります。

ストローは支える指先が見えるので、はさみの練習にオススメです。

STEP 03 ストロー片で遊ぼう

たくさんストローを切っていき、気づいたら飛び散ったストロー片でいっぱいのカラフルな空間に。それぞれの楽しみ方が、ここからさらに広がっていきます。

追加するもの ●プラスチックケースやトレイ ●色画用紙 ●マスキングテープ ●粘土板 ●粘着シート

ケースの中に入れてやさしく左右に揺らしたら、波の音が聞こえます。

ザザーッ

ストロー片をマスキングテープにくっつけている子からヒントを得て、こんなものをつくりました。粘着シートをマスキングテープで壁や粘土板に貼ったらできあがり。

ジャバラ部分が虫みたいに見えたので、色画用紙でつくった葉っぱの上に載せてみました!

ポイッ!

指の間にはさんでみた子も。

たくさん集めて、ストロー片のシャワー!

04 つなげて遊ぼう

ストローをいろいろな方法でつなげていくと、それぞれに違った楽しみ方を発見できます。かたちをつくることを楽しんだり、長いものや大きいものをつくるのもいいですね。

追加するもの ●ワイヤー ●モール ●粘土 ●ひも

▶ そのままつなげる

ストローの先を別のストローに差し込んでいき、つなげてみましょう。ひたすら長くつなげる子もいれば、かたちをつくって楽しむ子も。ジャバラで折れ曲がる部分をうまく利用して、様々なかたちをつくることができます。

長～くするよ

ケンケンパ °°

三角や四角もできる。

▶ ワイヤーに通してみる

ワイヤーはくねくね曲げて、自由自在にいろいろなかたちづくりを楽しめます。ストロー片の長さや、折り曲げる位置などを考えながら、イメージをふくらませるのがおもしろいですよ！

真剣。

粘土にストローを刺し、モールで飾りつけて完成！

恐竜をつくったよ

ガオー！！

低年齢児には

低年齢児にはワイヤーを使わずに、モールだけで楽しむのがオススメです。より通しやすく、ワイヤーと同様にいろいろなかたちをつくることができます。

ひもに通してみる

ひもは自由な長さにカットできるのがいいところです。また、長いひもに通すことで、全身を使うこともできます。

遊具やカーテンレールにひもを結んで、どんどんつなげていったら、カラフルなストローカーテンができました！

やさしい音で揺れるよ

どんどんつなげていこう

カラカラ シャラ シャラ

こんなのできたよ！

「ストローはプラスチックでしょ？　焼いたらプラ板みたいに縮むの？」
そんな年長児の男の子の疑問にこたえて、トースターで焼いてみると……。

ストロー片をアルミカップへ入れてトースターへ。

ハチの巣？

そざい探究のルール
● 初めから○○をつくると決めない
● 道具を使わずに、体だけで楽しむ
● 友達や大人と協力して一緒に楽しむ

STEP 01 素材にふれてみよう

粘土には、質感や重さなどが異なるものがたくさんあり、どの粘土を使うかによっていろいろなおもしろさを発見することができます。

ふわふわだー

準備するもの

● 紙粘土（Kクレイ）

伸びがよく、ふわふわ・とろりとした感触を楽しめる紙粘土（Kクレイ）を使っています。
● Kクレイ（LL）200g
¥528（本体¥480＋税10%）
31887

STEP
02 しっかりこねてみよう

全身を使って、しっかりこねることを楽しみます。
軽くてふわふわの粘土が、さらにやわらかく、
とろとろの感触に変化していきます。

追加するもの　●絵の具

ヨイショ　ヨイショ　コロ　コロ

足の裏でコロコロ。
手とはまた違った感
覚が伝わってきます。

全身を使ってここちよ
い感触を味わえるよう
に、机の上だけではな
く床を使うなど、空間
を大きく使って楽しみ
ましょう！

絵の具を
プラス！

おばけ!?

こねた粘土をちぎろうとすると
……。指先でつまんだあとがそ
のまま残ったり、おもちのように
伸びる様子が楽しいですね。

ふぁ

ふぁ

びよーん

おもちみたい

色が全体になじむように意識すると、
しっかりこねることができます！

STEP 03 長く伸ばして楽しむ

この粘土の特徴の１つである、よく伸びる性質を利用して、どんどん遊びを広げましょう。

どこまで伸びるか試す

両腕をいっぱいに広げて伸ばしてみても、まだまだ伸びそう！　さらに、友達や保育者と協力して、どのくらい長く伸びるか試してみましょう。糸のように長くなっていくのがおもしろく、夢中になって遊べます。

伸びる、伸びる！

見立てて遊ぶ

長く伸ばした粘土を見た子どもたちは、伸びるアイスクリームやクモの巣など、いろいろとイメージをふくらませていきます。縄跳びに見立てて跳んでみる子も！

いち、
にーの、

さんっ
JUMP!

巻きつけてみる

長く伸びた粘土が、子どもたちの「やってみたい！」を刺激した様子。腕や足に巻きつけたり、体をぐるぐる巻きにしてみました。

つかまっちゃった

グルグル

しましまのお洋服だよ

04 押し伸ばして貼りつける

こねたり伸ばしたりすることを楽しんでいるうちに、
子どもたちが新しい遊び方を見つけていました。

指先で押し伸ばして、指のかたちに変化する
のを楽しんでいたところ、粘土が床に貼りつ
いているのを発見!

「もしかして壁にも貼れるんじゃない?」
みんなで一緒に貼りつけてみると……。

お部屋の壁がすてきな
粘土のアート空間に!
自分たちの指先が生み
出した立体的な作品に、
子どもたちもほれぼれ。

※この活動では数日間置
いても壁に色移りしませ
んでしたが、色移りの有
無は絵の具の量や壁紙の
種類により異なりますの
で、あらかじめ目立たな
いところでテストした上
でおこなってください。

CLAY MUSEUM

theme | **クレヨン**

そざい探究のルール

● クレヨンと友達になるつもりで、全身で楽しむ
● 描く・塗るだけでなく、クレヨンの
　変化にも目を向けてみよう
● 汚れることも楽しんでみよう

STEP 01 紙の上の空間を味わおう

まずはクレヨンを持つ前に、大きく広げた真っ白な
紙の上で楽しみましょう。しぜんと寝転がったり、
お魚みたいにスイスイ泳いだりしたくなるはず！

準備するもの

● クレヨン
● 大きい模造紙
● マスキングテープ

準備

● 模造紙を大きく広
げ、マスキングテー
プで固定します。
● 子どもたちの服は、
汚れてもいいものを
用意してもらうよう
に、事前に保護者に
伝えておきましょう。

大きい紙って
なんだか
うれしい！

スイスイ〜

ゴロ
ゴロ

40

STEP
02 体のかたちを描いてみよう

紙の上にのびのびと寝転がったら、体の
かたちをクレヨンでなぞってみましょう。

ぼくの分身！

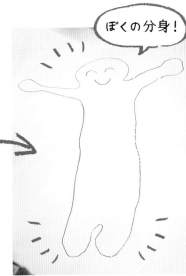

体に沿ってクレヨンで線を描きます。
友達や先生に協力してもらって、大
きな線を描くのって楽しい！ いろ
いろなポーズを考えてみましょう。

はい、ポーズ

顔を描いたり服を描い
たりすると、さらに親
しみがもてます。

Hello!

Relax...

先生
大きいー

先生の体も
描いちゃおう！

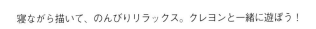

寝ながら描いて、のんびりリラックス。クレヨンと一緒に遊ぼう！

41

03 どんどん塗って楽しさを見つけよう

追加するもの
● アイスの棒

大きい紙をクレヨンで塗りながら、いろいろな遊び方を見つけてみましょう。

擬音語で描いてみる

「ぐるぐる」「ギザギザ」など思い思いに声を出しながら、クレヨンで表現するのもオススメの遊び方。音のイメージが線になっておもしろいです。

たくさん
描いたら

クレヨンの海で泳ぐ

塗り続けていくと、紙はとてもカラフルでにぎやかになりました。何か泳いでいそうに見えてきた子どもたちは、ザブーンと跳び込んで泳ぎ出しました♪

ひっかいてみる

塗り重なったクレヨンをアイスの棒で引っかいてみると……。下から別の色がのぞきました。

いっぱい
取れたよ

子どもたちの 発見! レポート

ひざをついて描いたり寝転んだりしているうちに、洋服もカラフルに。今日の勲章だね!

じゃ〜ん

足の裏をクレヨンで塗ってスタンプに。

STAMP!
STAMP!

たくさん塗ったら、床の模様がきれいに出てきたよ!

よしよし

たくさん描いて小さくなったクレヨン。なんだか赤ちゃんや宝物みたいに思えて、大切に持ち帰ることに。

ギュギュ

小さくなったクレヨンを指先でギュッと押しながらずらすと、指の熱で溶けるようにやわらかくなって、最後まで使えたね。

大事だからあげないよ

theme	ひかりの いろがみ

そざい探究のルール

● "シールのようでシールではない" おもしろさを知る
● いろいろな見え方を楽しむ
● くり返し何度でも使ってみる

STEP 01　どうやって使うか考えてみよう

準備するもの
● ひかりのいろがみ

ステンドグラスのように、窓の装飾に用いることが多いひかりのいろがみ。
まずは、この素材がどんなふうに使えるか、子どもたちに考えてもらいました。
どんな特徴が見つかるでしょうか。

貼ったりはがしたりできる、塩化ビニル製のシートを使用しています。メモ帳くらいの大きさや、丸・三角・四角などにカットしておきましょう。
● ひかりのいろがみ　5色セット
¥1,012（本体¥920＋税10%）
06509

いろがみ同士もくっつくよ

ぺろーんってめくれるね

発見！

鏡にくっついた！

剥離紙をはがすと透明になることを発見！　どうやらザラザラのところにはくっつかず、ツルツルなところにはくっつくようです。

こっちにはくっつかないなあ

？

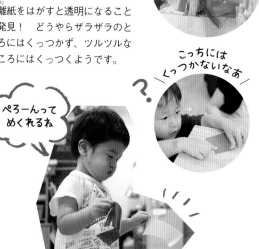

02 ツルツルなところに貼って遊ぼう

ひかりのいろがみがツルツルのところにくっつくことを発見した子どもたち。
部屋の中で貼れそうな場所を探したり、保育者が用意したツルツルのものに
どんどん貼って遊んでみましょう。

追加するもの
- クリアカップ　　● ビニール傘
- ミラー工作シート
- ストレッチフィルム（ラップでもOK）

お部屋の中の ツルツル なところ

透き通ってきれい

椅子

かっこいい！

窓

机

部屋の中を探索しながら、どんな場所に貼れるか、どんなふうに貼ったらすてきになるかを考えながら楽しみましょう。

保育者が用意した ツルツル なもの

クリアカップ

ストレッチフィルム

ここにも貼ろう

アイテムを追加することで、さらに遊びが広がります。ストレッチフィルムを机の脚にぐるりと巻きつけると、遊び場に早変わり。ミラー工作シートは紙なので割れる心配もなく、安心です。

ミラー工作シート

顔に貼ってるみたい

ビニール傘

STEP 03 光で遊ぼう

光を通すひかりのいろがみの性質を生かして、STEP02で貼ったものに光を当ててどうなるか体験してみましょう。

色の影ができた!

光にかざしてみる

ひかりのいろがみを貼ったビニール傘やテーブルに光を当ててみると、カラフルな色の影が出てきます。少し部屋を暗くして、子どもたちと色の影を眺めてみましょう。

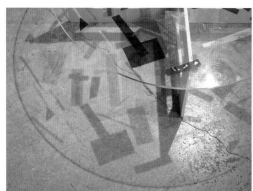
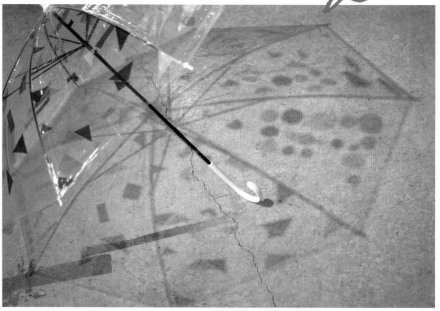

厚紙に貼ったもの

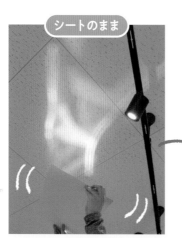

きれい!

反射させてみる

ミラー工作シートに光を当てて反射させてみると、壁や天井に投影することができます。きれいに映したい場合はミラー工作シートを厚紙などに貼るのがオススメ。シートのまま映せば、光がくねくね曲がり、魔法のような幻想的な楽しみ方ができます。

シートのまま

くねくね

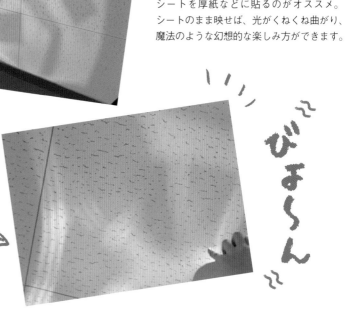

びよ～ん

46

STEP 04 水に浮かべて

ひかりのいろがみを水に浮かべてみると、
どんなふうになるかが気になった子どもたち。
みんなで予想しながらおこなってみましょう。

準備するもの
● トレイ　● 水

どうなる
かな？

あ！ 浮かんでいるのと
沈んだのがあるね！

トレイに水を入れて、
ひかりのいろがみを浮
かべます。ゆらゆらと
水の中で浮かぶ様子が
きれいですが、どうな
るでしょう……。

さらによく見ると、浮かんでいるものと
沈んだものが重なり合ったところの色が
変化しています。2つの色が重なって、
別の色が見つかりました。

何回もくり返し使おう

ひかりのいろがみは何度でも使うことがで
きます。くり返し好きなときに遊べるよう
に、こんな保管方法はいかがでしょうか。
園の状況に合わせて、子どもたちが自由に
遊べる環境をぜひ考えてみてください。

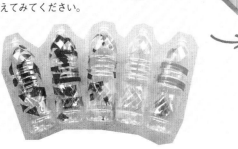

テーブルに
貼っておく

すぐに
遊べるね！

ペットボトルに
貼っておく

そざい探究のルール

● 描く、塗るということを忘れて遊んでみよう
● 様々な感触をじっくり味わおう
● ゆびえのぐの"動き"や"かたち"に目を向けてみよう

STEP 01 手に取って感じてみよう

描いたり塗ったりすることが一般的な絵の具ですが、まずは
絵の具そのものを素材としてじっくり感じてみましょう。
1色を手に取るところから始めるのがオススメです。

準備するもの	準備
● ゆびえのぐ ● 模造紙 ● マスキングテープ	模造紙で机を覆い、ずれないようにマスキングテープなどで固定します。

● ゆびえのぐ(チューブ)
【8色セット】
06569 ¥12,672
(本体¥11,520+税10%)
【単色】¥1,584
(本体¥1,440+税10%)
赤 06571 、橙 06572 、
黄 06573 、黄緑 06574 、
青 06575 、紫 06576 、
桃 06588 、白 06589

まずは手にのせて、ゆびえのぐのひんやりとした温度や、トロッとした感触を味わいながら、「これからどんなことが始まるのかな」というわくわく・ドキドキを子どもたちと一緒に感じてみてください。

02 模造紙の上に広げてみよう

模造紙の上に置いたゆびえのぐを、両手ですべらせるように広げていくことを楽しみましょう。みんなでのびのびと伸ばせるように、大きめのテーブルでおこないます。

のびのび
気持ちいい

「ツン」

「ツント」

指先でツンツンとスタンプすれば、
なんだか生き物の足跡のようにも
見えてきました。

ゆびえのぐを両手で広げていくと、
やわらかく伸びのいい感触がスルスルと手のひらに伝わって、ずっとさわっていたくなる！

03 色の変化を楽しもう

異なる色を足していき、色がどんどん変化していく様子を
じっくり観察してみましょう。子どもたちからは、
どんな色の変化の予測が聞けるでしょうか。
正解・不正解ではなく、それぞれの発想を大切にします。

白を足したら
どう変わるかな？

Artistic

絵の具の感触が苦手な子には

何色を混ぜたら
この色になったの？

色を混ぜていくうちに、手に様々な色がどんどん
重なって、手がアート作品のように！

さわり慣れないうちは、絵の具の感触に抵抗
感を覚える子も。遊ぶうちにどんどん楽しく
なることが多いですが、子どもが嫌がるとき
は、まわりの子が楽しむ様子を見るだけでも
OK。無理強いしないようにしましょう。

STEP 04 ゆびえのぐの"動き"と"かたち"を楽しもう

段ボール片やプラスチック段ボールなどをヘラとして使うと、模造紙の上でたっぷり混ぜた
ゆびえのぐをかき集めて遊ぶことができます。再利用できるものを使うのもいいでしょう。

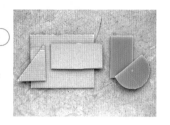

追加するもの
- 段ボール片
- プラスチック
段ボール片

いっぱい
集めよう

モリモリ

たっぷり集まったゆ
びえのぐはモリモリ
で立体的。集めては
また広げてをくり返
し、夢中に！

子どもたちの 発見！ レポート

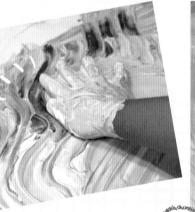

指を使って模様を描いて
みると、下から様々な色
が出てきたね！

段ボールやプラスチック
段ボールを使うと、砂紋
のようなきれいな模様に。

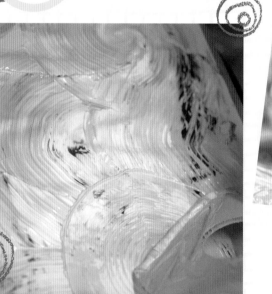

たっぷり集めたゆびえ
のぐを高いところから
落としてみると、重た
そうな音が聞こえまし
た。べちゃっと広がる
かたちにも注目！

STEP 05 段ボール片をデコレーションしよう

STEP03で道具として使った段ボール片を、今度はキャンバスにしてみました。ケーキやピザに見立てる子、立体感をおもしろがる子など、それぞれの楽しみ方を見つけていました。

▶ 袋で絞ってみる ◀

ポリ袋にゆびえのぐを入れ、袋の上はしばっておきます。先端を小さくはさみで切ったら、クリームのように絞り出すことができます。袋の感触を味わいながら、力加減を調整するおもしろさを感じられます。

もふもふだ～

どんなふうになったかな

▶ ゆびえのぐを写しとる ◀

模造紙の上いっぱいに広がったゆびえのぐに、段ボール片をかぶせます。そっとはがしてみると、段ボール片にゆびえのぐを写しとることができました。でこぼこだったり、波のようだったりと、様々な模様が楽しめます。

▶ 指先やスプーンで ◀

ゆびえのぐを段ボール片に指先でのせたり、スプーンで塗ったりして、パティシエ気分でデコレーション。道具を使って、自分なりのイメージをかたちにする楽しさを味わうことができます。

ケーキの完成！

そざい探究のルール

● 廃材のランダムなかたち、にぎやかな色柄、目を引くロゴマークなどをじっくり観察してみよう

● 気に入った絵柄をはさみで切りとったりしてみよう

● お気に入りをコレクションして楽しもう

こんな素材を集めておこう

ふだん捨ててしまうような廃材も、遊びの題材として目を向けてみると、おもしろいかたち、目を引くロゴやマーク、にぎやかな色柄など、たくさんの素材の魅力に気づくはずです。

（準備するもの）　● いろいろな種類の身近な紙素材

チラシやショップカード

チラシやショップカードは手に入れやすく、デザインや写真・イラストがおしゃれなものも多くあります。

タグや空き箱など

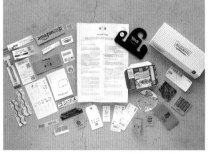

身近なところに目を向けると、洋服のタグやお菓子の空き箱、包み紙など様々な紙の廃材があります。

造形の廃材

造形の準備や壁面製作、子どもとの遊びの中で出た色画用紙の切れ端や、折り間違えた折り紙など、紙の廃材を捨てずにとっておきましょう。

素材そのものを楽しもう

素材1つ1つをじっくりと観察しながら、
子どもなりの視点で発想をふくらませて、
お気に入りのものを選びます。

これ
どこの部分?

丸く型抜きしたあとの
色画用紙も、重ねたり
のぞいたりできる魅力
的な素材です。

長細い紙を両手に持って踊り出し、
素材の楽しさを全身で表現!

バラのお花?

おもしろいマークや、めずらしいかたちのパーツを見つけると、想像力もふくらむ!

すぐに使えるようにストック

紙の廃材は常にストックしておくと、子どもたちが使いたいときに
自由に素材を選べるのでオススメです。ふだんの置き場を決めてお
き、みんなで遊ぶときはテーブルなどに広げてシェアしましょう。

STEP 02 お気に入りをコラージュしよう

木工用接着剤を水で溶き、お気に入りの紙素材の上から塗っていきます。
思いつくまま組み合わせられるのが廃材コラージュの魅力です。乾くと、つやつやと
コーティングされた、すてきなアート作品に仕上がります。

追加するもの
- 木工用接着剤
- 水 ● 平筆
- ジャムなどの
  空きびん
- 画用紙

水で溶いた木工用接着剤なら、
べたべたと塗り重ねてもOK！
好きなように塗っていこう。

たくさん
のせちゃおう

かっこよく
したい！

紙素材を折って立てて、立体的にするアイデア！

新聞紙を一束まるごと
貼る大胆な子も。個性
が出て楽しい！

木と
おうちを
つくるよ

好きなかたちに切って、
どんどん画用紙に紙素材
をのせていく子もいれば、
1つ1つの配置をじっく
りと考えて絵のようにつ
くっていく子も。

子どもたちの 発見！ レポート

お菓子の空き箱に入って
いたキラキラの厚紙。鏡
のように自分の顔が映る
ことを発見！

ゾウさん
だ！

身近な紙の廃材には、子
どもたちの「知ってる！」
がいっぱい。食品パッ
ケージの香りをかいで、
「おいしそう！」とイメー
ジをふくらませる子も。

変わったかたちのパーツ
を見つけたときも、大人
とは見え方が違うみたい。
動物の姿が見えてきた！

完成！

お気に入りのロゴマー
クをたくさんの紙素材
の山から一生懸命探し
て収集。3つ発見！

3階建てだよ！

たくさんのお気に入り
が詰まったコレクショ
ン。範囲や貼り方にと
らわれず、思うままに
貼るのが楽しい！

色と柄にこだわりながら、重ねて高さを
出そうとがんばりました！

そざい探究のルール
● 描くだけではない "素材" の変化を楽しむ
● チョークの "感触" を楽しむ
● なくなるまで何度でも！ リサイクルして使う

STEP 01 チョークを削ろう

チョークはクレヨンやペンとは違い、粉が出るのが特徴。簡単に削ることができるので、その独特の性質を楽しみましょう。

準備するもの
● チョーク
● アイスの棒
● 色画用紙

アイスの棒でチョークを削り、粉にします。黒い色画用紙の上で削ると、夜空にひろがる花火のようでとってもきれい！ お料理するみたいにトントン刻んでもいいですね。

手も、こなこなになっちゃった

02 粉で遊ぼう

STEP *01* で削ったチョークの粉。
白砂や塩を混ぜて「色砂」をつくります。
長期保存でき、くり返し遊べます。

追加するもの
● 小皿　● トレイ　● スプーン
● 軽量紙粘土　● びん
● 白砂や塩

こんなに
たくさんできた！

ずらり〜

描いて消して
何回も楽しめる！

白砂や塩を混ぜてボリュームアップ！ 感触の変化も楽しめます。
ざらっとした質感を味わいながら、色画用紙に広げてみて。

好きな「色砂」を盛りつけるだけで、
子どもたちの個性が発揮された作品に。

お部屋に
飾ろうかな

Sand
Art

順番にびんに入れていけ
ば、サンドアートに！

粘土でも楽しめる

チョークの粉の上に軽量紙粘土を転がすと、カラフルに変身！ 粉をしっかり
キャッチしてくれるので、散らかった粉のお掃除にも活用できます。

コロコロ
転がそう

STEP 03 水に浸してみよう

カップに水を入れ、チョークを全体的に浸します。水に入れたときにどんな変化が起こるのか、一緒に観察してみましょう。

追加するもの
● 水　● カップ

しゅわしゅわ音が聞こえるよ

水に浸したチョークから、ぷくぷくと泡が出てきた！ 上の写真のように、たくさんのチョークを浸しておく方法でもOK。

SO FUN!

30分以上浸したら、水から取り出してチョークがどうなったか見てみましょう。水に浸す前のチョークと比べてみると、滑らかな描きごこちになりオイルクレヨンのように！

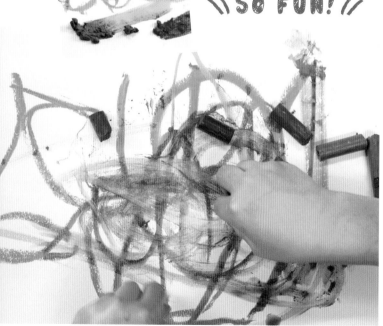

指先でこねたり、つぶして伸ばしたり。ここちよい感触と鮮やかな色の広がりをじっくりと楽しんで！

指先で押すとふにゃっとつぶれ、粘土や泥のような感触です。水に浸す時間が長くなるほどやわらかくなります。

58

STEP

04 色水にして楽しもう

チョークと水の組み合わせで、さらに
新しい遊び方を試してみましょう。
2種類の色水のつくり方を発見しました。

追加するもの

●綿の布

▼ **チョークをまるごと** ▼

Colored Water

▼ **粉を溶かして** ▼

水の中にチョークをまるごと
入れてもみもみすると、たち
まち濃い色水に。粉を溶かし
てつくる方法では、粉の量に
よって濃さを調整できたり、
ほかの色と混ぜたりできるの
がいいところ。それぞれのよ
さを体験してみて！

もうちょっと
濃くしたい

できた色水の中に
布をしばらく浸す
と、やさしい色に
染まっていきます。

次は何色に
しようかな

きれいに
できたよ

染まった布は画用紙な
どに広げて乾かすのが
オススメ。乾いた布を
使ってどんな遊びがで
きるか、みんなで考え
てみましょう！

59

そざい探究のルール

● 氷の "そのまま" を楽しむ

● 誰かの気づきや発見を、みんなで
　共有して試してみる

● 氷で "できそうなこと" や
　"やってみたいこと" を、もっと探してみる

素材にふれてみよう

氷はどの家庭の冷蔵庫にもある身近なものですが、
じっくりふれる機会はあまりないもの。その冷たさは
もちろん、目に見える変化にも注目してみましょう。

準備するもの　　●氷　●食品トレイ

冷凍庫から出したばかりの氷。表面が白
く曇っています。ザラっとした感触です。

少し時間が経つと、曇りがとれてガラス
のように透明に。感触もツルツルに変化
しました。

たくさんさわっているうち
に、体温で氷が溶けて、こ
んなに小さくなりました。

あれっ？！
赤ちゃん氷に
なっちゃった！

02 五感を使って観察してみる

いろいろな感覚を使って、氷を子どもたちそれぞれの感性で観察してみます。
見た目や冷たさだけではなく、氷の新しい面を発見できますよ。

きゃっ！冷たい

トゲトゲがあるよ！

じ〜〜っ

温度を感じる

氷の特徴は、なんといってもその冷たさ。
ひんやりした感覚を充分に味わいましょ
う。また、氷だけではなく、さわったあ
との手が冷たくなるのもおもしろい！

じっくり見てみる

手に持ったり置いたりして氷をじっくり
見てみると……、中に模様があるのに気
づきます。トゲトゲに見える子もいれば、
虫みたいなかたちを発見する子も。

上から落としてみよう！

においをかいでみる

氷に鼻を近づけて、かいで
みると……、においはある
のかな？においのほかに
ひんやりした空気がすっと
入ってきて、鼻でも温度を
感じることができます。

くん
くん

音を楽しむ

氷をトレイから別のトレイ
に移し替えたときや、氷同
士がぶつかるとき、どんな
音がするかにも注目してみ
るのもいいですね。

03 水性ペンと一緒に

子どもたちが描いたカラフルな線を氷と組み合わせて、
どんな変化が起きるか実験してみましょう。

追加するもの　　●水性ペン（いろいろな色を用意するのがオススメ）　●画用紙や厚手の障子紙など（はっ水加工のないもの）

まずは、水性ペンで様々な線を
自由に描いて楽しみましょう。

わぁ！
きれい

発見！

描いた線の上に、氷をのせてみよう。氷の中に線が閉じ込められ
たように見えたり、氷の中で線が浮かんでいるように見えました。

氷がだんだん溶けてきて、色水が出てきます。線の上で
氷をこすってみたら、線がにじんで氷に色がつきました。

最後には、水になった氷で線が消えてなくなった
り、紙がしわしわになったり。

BLUE

RED

GREEN

STEP 04 絵の具入りのカラー氷で遊ぼう

見るだけでわくわくする色つきの氷を使って、さらに氷の遊びを広げましょう。

追加するもの
- ●絵の具を水で薄めてつくったカラー氷(いろいろな色を用意するのがオススメ)
- ●トレイ　●積み木　●金づち　●透明なカップ　●スプーン　●画用紙

ブロックみたいに並べてみる

カラフルでカクカクした見た目がブロックに似ていることから、いくつも積みあげたり並べたり。絵の具を入れたカラー氷は、水だけでつくったものより溶けやすいので、置いたままじゅわーっと溶けていく様子を眺めるのにも向いています。

COLORFUL ICE

じゅわ〜

カップに入れてみる

カラー氷が溶けやすいことを発見した子どもたちは、これを利用してジュースづくりを始めました。色と色を組み合わせて、どんな色のジュースができるか、どんな味のジュースになるかを想像しながらつくります。

カラ

カラ

ジュースにしてみよう

抹茶ジュースができたよ!

▶ 砕いてみる

カラー氷を画用紙の上で
トントンたたいてみま
しょう。カラー氷は水だ
けでつくった氷に比べ固
くないため、子どもでも
積み木などで簡単に砕く
ことができます。金づち
を使う場合は保育者がそ
ばにつき、安全におこな
いましょう。

ザクザク・シャリシャリと、かき氷を食
べるときのような音が聞こえてきました。

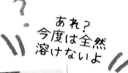

あれ?
今度は全然
溶けないよ

いろいろな色の氷が画用紙の上で飛び散って、
花火みたいに広がります。

溶けやすいカラー氷も、山ができるく
らいたくさんまとまると、なかなか溶
けません！ 大きい塊になりました。

こんな氷を
つくるのも楽しい

お皿にビーズやお花など
を自由にのせて、水を入
れて固めます。どんなも
のを氷の中に入れたいか、
子どもたちと話し合って
決めるのもオススメです。

\ beautiful /

part**3**

どんな遊びができるかな？
素材図鑑

part2の実践例で見ていただいたように、1つの素材でも、性質や遊び方は様々です。「この素材でどんな遊びができるかな？」と、イメージをふくらませてみましょう。ここで紹介したもの以外にも、様々な楽しみ方ができるので、ぜひアレンジしてみてくださいね。

アルミホイル

軽い音やまぶしさを感じ、握ったり、ねじったりが楽しめる。たたいて固めていくとカチカチになる、変化に富んだ素材。

P.16-19

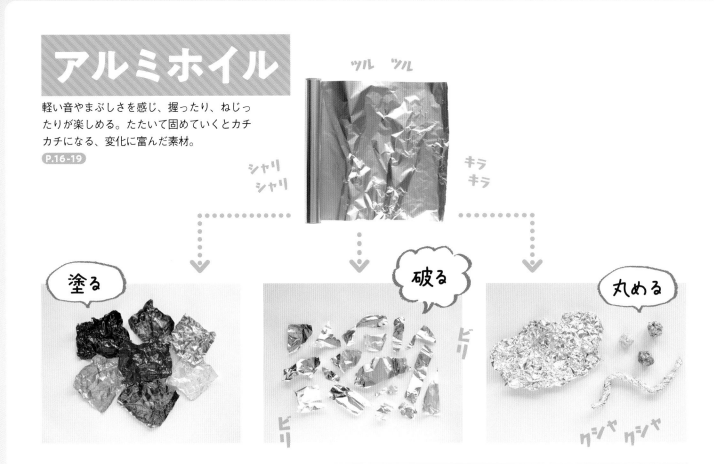

ツル　ツル

シャリ　シャリ

キラ　キラ

塗る

破る

ビリ

ビリ

丸める

クシャ　クシャ

色水

様々な原料でつくることができる。目的に合わせて原料を使い分けるとよい。様々な見え方を楽しみ、子どもの視点をはぐくみたい。

P.20-23

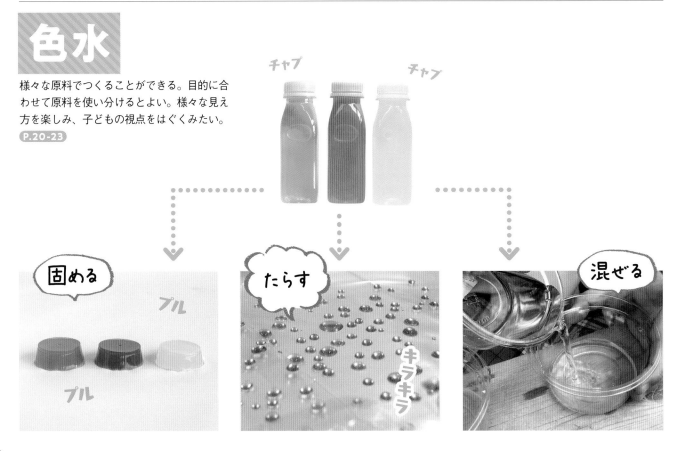

チャプ

チャプ

固める

プル

プル

たらす

キラキラ

混ぜる

はなおりがみ

やわらかく薄っぺらで、低年齢児も扱いやすい。丸めたり破ったり、霧吹きの水で貼ったり溶かしたり、様々な変化を楽しめる。

`P.24-27`

すけ
すけ

ふわふわ

ぺら
ぺら

水に
溶かす

チャプン

破る

ビリ
ビリ

水に
ぬらす

べちゃ

ストロー

筒状のかたちがここちよい手ざわりと音を生み、たくさんの量を使えるのが魅力。はさみで切ったときの軽快な音、飛び散っていく様子が楽しい。

`P.32-35`

フー
フー

カラ
カラ

切る

パチンッ

ピョンッ

粘土に
刺す

プス

むにゅっ

差し込む

紙粘土

Kクレイは紙粘土だが、たくさんふれるほど体温で伸びがよくなり、全身を使って遊べる。

`P.36-39`

むにゅっ

ふわふわ

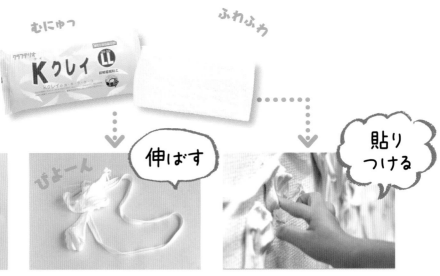

色をつける

あお、あか……

びよーん

伸ばす

貼りつける

クレヨン

使うほどに削れて小さくなる過程も楽しみたい。力強く押すと体温で溶ける。熱を加えてかたちを変えることができる。

`P.40-43`

するする

ペタペタ

ひっかく

カリカリ

小さくなる

コロコロ

溶かす、固める

ゆびえのぐ

感触だけでなく、かたちスタンプなど、手軽に使える。手洗いも簡単。

`P.48-51`

ぬるぬる

ペタペタ

塗る

ちょんちょん

スタンプ

ポンポン

写し取る

68

身近な紙

生活の中にあふれる紙廃材。お
もしろいロゴやイラスト、色・
かたち・紙質がある。

P.52-55

カラフル わくわく

貼る

コラージュ
する

ペタペタ

選ぶ　集める

チョーク

地面などに描くと粉が出る。折
れやすく削ることもでき、粉を
色水や色砂づくりに使える。
水に浸して感触を楽しむことも。

P.56-59

ポキッ スベスベ

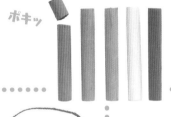

つぶす

ぐにゅ

削る

カリカリ

砂と
混ぜる

氷

氷同士がくっつく、表面が曇る、
溶けていくなど、観察と発見を
じっくり楽しみたい。

P.60-64

ひんやり カチカチ

色をつける

溶かす

ジュワー

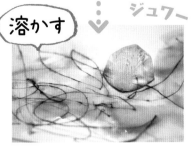

砕く

ザクザク

カラーセロファン

細かく切ったりぐしゃぐしゃに
しても捨てずに保管しておく。
様々な生かし方ができる。

カサ カサ
つる つる

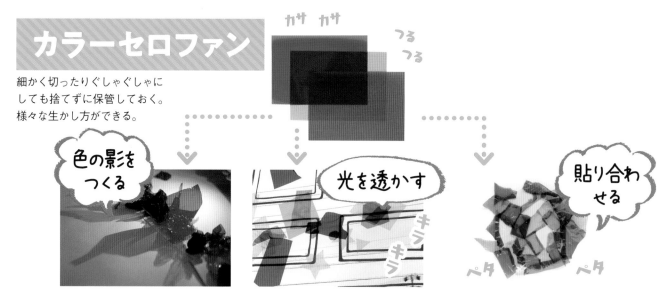

色の影を
つくる

光を透かす

キラ
キラ

貼り合わ
せる

ペタ ペタ

寒天

ひんやり感触が楽しい。色やか
たち、素材を仕込んでひと工夫
すれば、子どものわくわくを刺
激し遊びが広がる。

すけ すけ

ブル
ブル

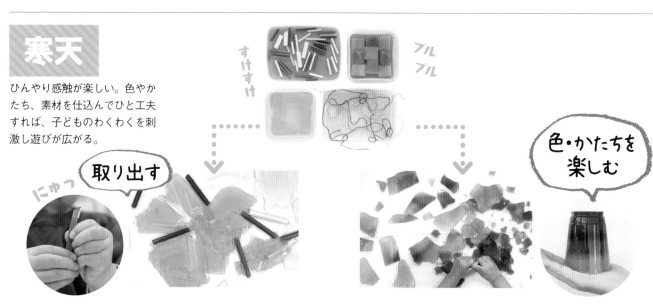

取り出す

にゅっ

色・かたちを
楽しむ

土粘土

独特の重みや硬さを感じな
がら遊ぶ。乾燥させて固め
ても、溶かして再生できる。

しっとり ずっしり

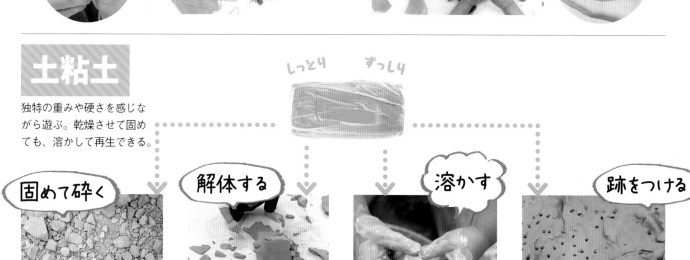

固めて砕く

解体する

溶かす

跡をつける

ぬる ぬる

発泡スチロール

大きくても軽く、表面はザラザラ。カラフルな色や素材を足して遊びを広げていくのが楽しい。

かく
かく

ザラ
ザラ

くっつける

刺す

ぷすっ

ペンを使う

色の粒を収穫

段ボール

箱・板・ロール状などがある。水に浸してやわらかくすることができる。厚みを生かして自立させたり、組み合わせたりもしやすい。

まき
まき

かく
かく

空間を仕切る

くね

くね

組み立てる

水に浸す

ふにゃっ

カラービニパック

袋状のかたちや大きさを生かし、様々な色で透け感のある素材を全身で楽しみたい。はさみやテープで加工がしやすく協同遊びにも向いている。

ツル

ツル

空気を集める

風船に

包まれる

すっぽり

つなげる

COLUMN

プチ園内研修で素材研究

様々な素材を取りあげ、どの素材でどんな遊び方ができるのか、または、遊んでみてどうだったかを、保育者同士で出し合ってみましょう。研究を通して保育者自身が素材のおもしろさを知ることができ、意欲や視点が広がり、遊びの中での子どもとの関わりも豊かになります。

素材研究の流れ

プチ園内研修で、素材を1つテーマに選んで話し合う

● 遊んでみたい素材を1つ選び、素材を用意し、見たり、ふれたりして意見を出し合う。クラス単位ではなく、園全体でおこなう。

● 話し合いで出た気づきやアイデア、課題などを記録する。

記録を作成

● クラスごとではなく、実践した全クラス分をまとめて1つの記録にするのもオススメ。

活動の実践計画を立てる

● 研修の記録を参考に、ゆるやかな計画を立てる。

次回の園内研修で振り返る

● クラスごと、年齢ごとで実践した結果を話し合う。

実践

● 写真を撮って、子どもの様子を記録する。

part 4
遊びが広がる
環境づくり

素材を使った造形遊びを日常的に楽しむために不可欠なのが、環境づくりです。子どもたちの「遊びたい！」の気持ちにこたえられる環境づくりの工夫や、オススメの素材・道具などについて紹介します。

01

素材遊びを日常に！ できることが増える 「造形コーナー」

子どもたちが、いつでも好きなときに素材遊びに取り組める造形コーナー。そのねらいと環境づくりを考えます。

挑戦する楽しさを知り、仲間を思いやる心がはぐくまれる

造形活動に苦手意識のある保育者にオススメなのが、造形コーナーをつくることです。いきなり集団での「そざい探究あそび」を始めるのではなく、まずは個人単位で、造形コーナーに興味をもった子どもと、ていねいに関わるところからスタートすると取り組みやすいでしょう。

保育室の一角に造形コーナーがあると、子どもはいつでも自分で素材や道具を選んで遊ぶことができます。日々試行錯誤を重ねる中で、自分のイメージをかたちに

造形コーナーの環境づくり

素材遊びを楽しむための「造形コーナー」は、子どもがじっくり取り組める環境にしておくことが大切です。

造形コーナーレイアウト見本

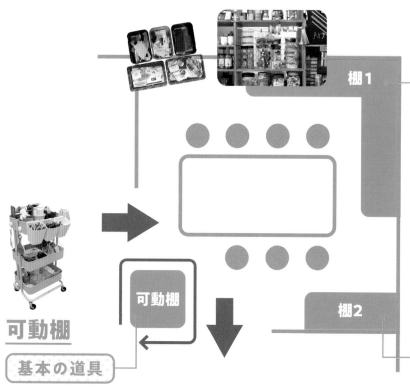

棚1

個人の道具、基本の素材、ディスプレイ素材など

● クレヨン、はさみ、のり、粘土など、個人の持ち道具は、可動棚の「基本の道具」とは区別して、固定棚に置く。

● 色画用紙、折り紙、毛糸など、年間通して用意しておく「基本の素材」(P.77参照)を置く。

● 製作途中のものを保管する場所にしてもよい。

可動棚

基本の道具

● 前後左右から「基本の道具」(P.76参照)を探せる。

● テラスや廊下など、広いスペースで造形活動をしたいときに移動が可能。

● 造形スペースの仕切りにもなる。

棚2

子どもが興味・関心のある素材や季節の素材など

● そのときどきで素材を入れ替える。

● 使いすぎや持ち帰りをなるべく防ぐため、棚1の素材と分ける。

74

することがどんどん楽しくなってきます。また、限られた種類や数の素材・道具を友達と共有したり譲り合ったり、困っている友達の手助けをしたりといった経験は、仲間を思いやる心の成長にもつながります。そして、集団への関わりにつながっていくのです。

造形コーナーづくりは、園全体で取り組みたい

造形コーナーは、子どもが使いたいもの、必要だと思うものを自分で選ぶことができる環境です。しかし、知識や経験の少ない子どもにとって、環境だけを与えられ

ても楽しむことはできません。保育者は、手本となったり提案したりして、子どもが自分で発想し、挑戦するきっかけをつくることが大切です。

造形コーナーは、保育者の興味や得手不得手で環境に差が出ないよう、基本の素材・道具を園全体で統一します。そうすることで、造形活動・素材遊びにおける子どもの成長を数年にわたって追うことができるほか、保育者の負担を減らすことにもつながります。

すべての子どもたちに園生活を通して造形活動のおもしろさを知ってもらうためには、園全体で取り組むことが効果的だといえるでしょう。

日常の素材遊びの流れと配慮

素材・道具を
分類して置く

→

やってみたい！
でもどうやって？
何を使ったらいいの？

見本を
作成し、置く

——または——

子どもの視点・
知識・経験を
はぐくもう

「遊びの日」を
定期的につくる

→

「そざい探究
あそび」を
するときに、
子どもが自分で
できることを
増やす

素材・道具を分類して置く

● 幼児クラスの基本の道具は統一し、可動棚に置く。年齢・クラスによって、さらに必要なものを追加する。

● 基本の道具は、可動棚にそろえておくと移動して使いやすい。

● ときどき追加される素材は、固定棚など場所を分けて置く。

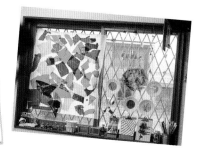

見本を作成し、置く

● 素材の実物見本や写真、アイデアファイルなどをつくって置いておく。

● 折り紙の折り方、1つの素材からどんなことができるのかなど、イラストや写真を中心に紹介する。

● 子どもの作品も「やってみたい」と思うきっかけになる。

「遊びの日」を定期的につくる

● 保育者と興味をもった子どもたちが一緒に素材研究したり、造形遊びを楽しむ日を定期的につくる。

● 保育者は子どもの視点・知識・経験をはぐくむことを意識する。

02

子どもが自分で扱え、かたづけまでできる素材や道具を用意

造形コーナーが、子どもたちにとって遊びを通した学びの場になるためには、どのような素材や道具を、どれだけ用意するのがよいのでしょうか。

子どもが扱いやすい大きさ、量を必要な分だけ、見えるように用意

造形コーナーのねらいの1つは、素材や道具を子どもが自分で扱えること、そして準備からかたづけまでおこなえることです。そのためにも、**まずはシンプルな素材や道具から、造形コーナーでの活動を定着させます。**子どもの様子を見守りながら、子どもが扱いやすい大きさ、量、質の素材を用意しましょう。遊びの過程でこぼしにくい、かたづけの手間が少ないなども配慮します。

子どもは始めのうち、用意されている量をすべて使お

造形コーナーに用意したい

可動棚 ▶ 基本の道具
（年少～年長クラス統一）
日常でよく使う道具を置く

画材

パステルまたはチョーク+スポンジ

個人持ちのクレヨンのほかにも、お絵描きを深められる道具や素材を用意。

※クレヨン・色鉛筆

お絵描きの
\ バリエーションが広がる /

固形絵の具
絵の具は日常使いしやすい固形タイプがオススメ。

液体絵の具も扱う場合
（年中～年長児向け）

チューブ入りのもの、3原色（赤・青・黄色）のみを用意。

パレットは卵パックの容器や食器トレイを活用。

加工材料

木工用接着剤+用紙

セロハンテープ
（置き型）

ホチキス+替芯

※シール

色柄テープ（マスキングテープ・カラークラフトテープなど）

うとします。しかし、**コーナー遊びは、友達を思いやり、分け合ったり譲り合ったりすることを学ぶ機会でもあります。必要最低限の量だけ用意し、多めに用意することは控えましょう。** 活動が楽しめるようになると、子どもは必要な量に自分で気づき、使いたい分を自分から求めるようになります。

また、素材は、中身が見える容器で収納を。子どもも保育者も、どこに何があるのかを一目で把握でき、活用の機会が増えます。子どものわくわくが刺激されるよう、ディスプレイ感覚で楽しく収納しましょう。

「何かに使えそう」で素材を集めない

空き箱やトイレットペーパーの芯などの廃材や紙類は、具体的なテーマが決まっていないと、実は活用がとてもむずかしい素材です。「何かに使えそう」というだけで素材を集めても、無駄になる可能性が少なくありません。

廃材を集めるとしたら、遊びの題材として、目を向けてみましょう。例えば、「にぎやかな色柄」のチラシ、「おもしろいかたち」のタグや空き箱などは、「そざい探究あそび」の題材としても楽しめます（P.52〜55参照）。

素材や道具

すべての幼児クラスの可動棚に置く「基本の道具」、年間を通して用意したい「基本の素材」です。

道具

ビンまたはカップ
筆洗い・パステルや細かい素材の小分け用に。

絵の具筆

水入りボトル

綿棒
筆代わりに使うなどできる。

掃除道具

汚れふきタオル
フェイスタオルを4等分したくらいの大きさが使いやすい。

 ミニほうき

テーブルクロス・ゴミ箱など

棚1▶ 基本の素材
（年少〜年長クラス統一）

年間通してほぼ変わらず常備する素材

- 色画用紙
- 折り紙
- 紙系の端材や廃材
- 毛糸
- その他
（クラスや年齢によって追加したいもの）

使った余り素材も捨てない！
中身が見える容器やかごに保管します。

棚2▶ 季節の素材
（クラスに応じて）

その都度必要な素材、季節素材など

公開！ アルテコローレの部屋

アルテコローレに来ると、泣かずに、のびのび遊びに向かえるという子が多いのだとか。
園の造形コーナーづくりの参考にしてください。

"あってあたり前"の環境を

棚にたくさんの素材を見えるように置いています。始めは「これなぁに？」と興味津々な子どもたち。何にでも興味をもち、ついふれたくなります。

初めてのものに慣れ親しむには、少し時間が必要です。造形環境を用意するときは、子どもにとって「これが普通」と思えるように、ぜひ4月から用意してみてください。

／ カラフルで 楽しそう！ ＼

棚には様々な収納の工夫が！

素材や道具は、中身が見える容器で収納します。色やかたちが豊富なので、子どもたちはわくわくしながら選び、どう使うか工夫することにつながります。

中身が見える容器は、ふたつきのものを用意。見せて置くことで選びやすく、素材の組み合わせがイメージしやすい！

養生のためのテーブルクロスや、ポリ袋・キッチンペーパーなど、必要なときにさっと取り出したいものも置いてあります。

よく使う素材は在庫もディスプレイを。色がたくさんあると、並べるだけで楽しくなります。

活用しにくいもの、出番がほとんどないものは除いていきましょう。年度末など、定期的に棚を整理すると、その年の活動を振り返ることもできます。

保育者も忘れない！

＼ ここにこんな素材があった！ ／

子どもからの手紙。一人ひとりの子どもの気持ちを飾ることで、楽しかった遊びを保育者も思い出します。

様々な遊びの痕跡を残しています。年度ごとに一掃せず、数年前のものも残しておくと、今年度の担任の参考にもなります。

部屋のところどころに遊びの痕跡が

遊びを楽しんだ形跡や作品を飾っています。過去の作品から、製作中のものまであります。

「これってどうやったの?」と、保育者が興味をもつことで、子どもたちの取り組みのプロセスを、保育者同士で伝えていくことができます。

過去の遊びを飾っておくと、「あれまたやってみたいな」と再び取り組む子も。

子どもたちが家でつくってきた年賀状など。バブルアートや折り紙、ラミネートなどの経験を取り入れてくれています。

カラーセロファンで、いくつかの遊びを楽しめたことを見える化!

part**5**

遊びを保護者に 伝えよう

「そざい探究あそび」の魅力や、それに熱中している子どもたちの様子を知ってもらうことも大切です。子どもたちが遊びを楽しんでいることが伝わる写真の撮り方や、保育者の負担にならない記録づくりのコツなどを紹介します。

01

一人ひとりが遊びを どう楽しんだかが 伝わる写真を撮る

決まった成果物がない「そざい探究あそび」。子どもの成長や遊びの魅力を保護者に伝えるための「見える化」を考えます。

写真や動画で 「見える」記録をたくさん残す

子どもたちが「そざい探究あそび」で経験し、得たものは、必ず子どもの力となっていきます。しかし、作品としてかたちが残らないことも多く、その場にいない保護者は、活動の中身も子どもの成長も見ることができません。見えないと疑問や不安がふくらみ、保護者の理解や協力を得ることがむずかしくなることも……。

そこで大切なのが、活動の「見える化」です。

まずは、活動中に写真や動画を撮り、気がついたこと

「遊びをどのように楽しんでいるか」を とらえる撮影ポイント

伝えたいことが伝わるように、5つのポイントを意識して撮影しましょう。

見慣れない触感や見た目に、「何これ！」とこわごわ。表情の豊かさが遊びの楽しさを物語ります。

1 表情

・「楽しそう」「うれしそう」だけでなく、「真剣な」眼差しや、「驚いた」などの表情もとらえる。
・指示することは避け、しぜんな表情を撮りたい。

2 関わり

・子ども一人ひとりに焦点を当てるだけでなく、保育者やまわりの子と関わっている場面も撮る。
・どんな子と仲がよいのかなどが保護者に伝わる。

友達と一緒だと、遊びがしぜんに広がって、もっと楽しく！

はメモすることを習慣にしましょう。遊びのプロセスや子どもの姿が「見える」記録をできるだけたくさん残すことを意識します。写真が多ければ、保育者自身も振り返りの際に活用でき、保護者に伝えたいことも増えてくるでしょう。保育者同士でシェアすれば、問題解決や新しいアイデアにもつながります。

多機能なカメラでなくても、スマートフォンで充分です。

何をしているかでなく、どう楽しんでいるかをとらえる

ただし、漫然と写真を撮っていても、遊びのよさは伝わりません。撮影のときに意識したいのは、「子どもたちが何をして遊んでいるか」ではなく「一人ひとりが遊びをどのようにして楽しんでいるか」ということです。**遊びを通して子どもたちが、どのような経験を積んでいるかがわかるように撮ることが大切です。**

そのためにカメラでとらえたいのは、「表情」「関わり」「手元」「空間」「素材」です。上手に撮ろうとする必要はありません。子どもたちとコミュニケーションをとりながら、撮影を楽しみましょう。

3 手元

・どんな素材や道具を使って、どんな作業に夢中になっているのかが見えるように。
・手元をアップにすると、子どもの視点からのぞいたような写真になる。

手や足も「楽しい！」って言ってるみたい。

5 素材

・いろいろな角度から撮る。角度が異なると、彩りが変化するなど、素材のおもしろさが伝わる。

真横から撮ると、より立体的に見えます。

4 空間

・遊んでいる空間全体が入るくらい引いたアングルでも撮る。
・絵の具やクレヨンでの遊びなどは、大きな1枚の白い紙に徐々に色が増えていく過程がわかる。

空間全体を入れることで、遊びの迫力が伝わってきます。

02

写真や動画を活用し、子どもの姿と活動の魅力を記録する

子どもがどんなことを楽しんだのか、その日の様子が保護者に伝わるように記録を工夫します。撮った写真を活用しましょう。

活動がひと目でわかることがポイント

保護者に遊びを伝える方法は、おたより・ブログ・ドキュメンテーションなどがありますが、いずれの場合も、写真を中心に、視覚的にひと目でわかるようにすることが大切です。

見栄えのよいおたよりを作成しようとする必要はありません。大事なのは、子どもがどんなことを楽しんだのか、何を使ってどういう過程で遊んだかが保護者に伝わることです。

そこでおすすめするのが、サムネイルプリントを活用

保護者に伝わるサムネイル記録例

サムネイルプリントには、吹き出しや描き文字、
イラストなどを散りばめます。楽しんで書き込みましょう。

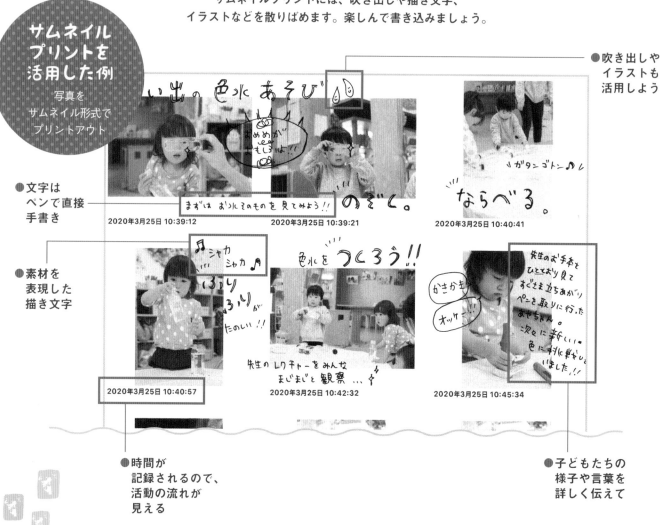

サムネイルプリントを活用した例
写真をサムネイル形式でプリントアウト

● 吹き出しやイラストも活用しよう

● 文字はペンで直接手書き

● 素材を表現した描き文字

● 時間が記録されるので、活動の流れが見える

● 子どもたちの様子や言葉を詳しく伝えて

した記録です。そのつくり方は、たくさん撮った写真をサムネイルの形式でプリントアウトし、吹き出しやイラストなどを直接書き込むだけ。写真を選んだり、並べ方を考えたりする手間がかかりません。これなら、すき間時間を利用して短い時間でつくることができるでしょう。

振り返りはその日のうちにおこない、なるべくメモをしておきます。記録の作成と掲示は後日にしてもよいでしょう。

当日は、保護者に子どもの姿を直接口頭で伝えましょう。

1か月分のダイジェストや保育者用の資料も作成

当日の記録とは別に、1か月分または1テーマの活動ごとに、A3程度の大きさの紙1枚に写真をまとめて、壁に貼り出してもよいでしょう。ここにも、当日の記録を基に、吹き出しやイラストなどを書き込みます。

活動の流れや変化が把握でき、保育者にとっては振り返りの機会にもなります。また、保育者同士でシェアすることで、一緒に問題を解決したり、今後の遊びを広げる貴重な資料にもなるでしょう。

1か月の活動記録例

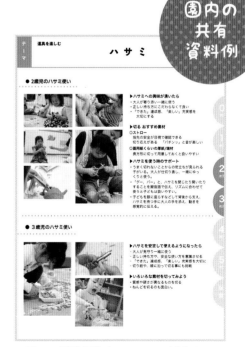

2020年2月1週
あわあわであそぼ!

Arte colore
アルテコローレ

- ● プリントアウトした写真を紙に直接貼りつける
- ● 子どもの言葉やコメントは、色つきの紙を貼って書き込む

園内の共有資料例

テーマ　道具を楽しむ
ハサミ

● 2歳児のハサミ使い

● 3歳児のハサミ使い

- ● 子どもたちの様子や活動の流れがわかる書き込みを入れて
- ● 保育者のコメントもプラス

日々の活動報告をベースに、導入やサポートの仕方、どんな素材のときに取り入れればよいかなどをまとめたもの。

COLUMN

\アルテコローレの/
サムネイル活用おたより集

子どもの姿、遊びの魅力が伝わる書き込みが散りばめられたおたより。
保護者への発信の参考にしてください。

視覚的に楽しめること！

パッと見て視覚的に楽しめそうだと、読んでくれる保護者も多くなります。子どものおもしろい発言や、やらかしてしまったことも漫画感覚で伝えてみてはどうでしょう。

素材のイメージを強調したタイトル、子どもの心を表現した吹き出しの活用が目を引き、読むのが楽しいおたよりになります。

子ども一人ひとりを知る機会に

記録の作成は、活動中に目が行き届かなかったことや、関わりをもてなかった子がいることに気づく機会にもなります。保護者は、ほかの子の姿や、個々の違いを知りながら、わが子の成長を実感できます。

子どもの様子をていねいに言葉にしています。遊びの様子が保護者にしっかり伝わります。

保護者の子育てのヒントにも

低年齢児の遊びの様子は、新米ママやパパにとって、家庭での子どもとの関わり方のヒントにもなります。

コメントに名前を入れながら、クラスの子ども全員について記入しています。一人ひとりに目を向けていることが伝わります。

著者紹介
桐嶋 歩（きりしま あゆみ）

「大人が楽しいと子どもが育つ」をキーワードに遊びを提案する、合同会社アルテコローレ代表。遊びをツールに、保育者と子どもが楽しみながら育ち合う関係や環境づくりを支援。自身が運営するアートコミュニケーションラボのほか、園内研修や保育者養成校などでの講師も務めている。

Artecolore
●公式HP
https://arcolo2011.com
●Instagram
https://www.instagram.com/arcolo_school/

撮影　アルテコローレ　酒井美里

STAFF

デザイン	ohmae-d
編集協力	茂木立みどり（こんぺいとぷらねっと）
	坂本洋子
編　集	丸山文野

何をつくるか決めない造形遊び

そざい探究 LABO

2021年8月1日　初版発行
2024年7月20日　第3版発行

著者／桐嶋 歩
発行人／竹井 亮
発行・発売／株式会社メイト
　　　　　　〒114-0023 東京都北区滝野川7-46-1
　　　　　　明治滝野川ビル7・8F
　　　　　　TEL 03-5974-1700（代表）
製版・印刷／光栄印刷株式会社